Reihe »Carl-Auer Kids«, hrsg. von Christel Rech-Simon

Umschlag und Satz: Heinrich Eiermann

Übersetzung: Lena Baunacke

Printed in Germany

Druck und Bindung: Grafisches Centrum Cuno GmbH & Co. KG

Zweite Auflage, 2022

ISBN 978-3-96843-003-4

© 2018 Text und Illustrationen Anahita Teymorian

© der deutschen Ausgabe 2020, 2022 Carl-Auer-Systeme Verlag und Verlagsbuchhandlung GmbH, Heidelberg

Das Original erschien erstmals 2018 unter dem Titel „There's room for everyone" bei Tiny Owl Publishing, London.

Lizenzvertrag vermittelt durch Literarische Agentur Barbara Küper.

Bibliografische Information der Deutschen Nationalbibliothek: Die Deutsche Nationalbibliothek verzeichnet diese Publikation in der Deutschen Nationalbibliografie; detaillierte bibliografische Daten sind im Internet unter http://dnb.d-nb.de abrufbar.

Informationen zu unserem gesamten Programm finden Sie unter: www.carl-auer.de.

Dort können Sie auch unseren Newsletter abonnieren.

Carl-Auer Verlag GmbH, Vangerowstraße 14, 69115 Heidelberg

Tel. +49 6221 64 38-0, E-Mail: info@carl-auer.de

Es ist Platz für alle

Bevor ich geboren wurde, war
nur wenig Platz in Mamas Bauch.

Aber für mich war Platz genug.

Als ich größer
wurde, schien
unser Haus kleiner
zu werden. Aber
es war Platz genug
für uns alle.

Es war sogar Platz für
alle meine Spielsachen!

Nachts, wenn ich hinauf zum Himmel schaute, war Platz für alle Sterne ... sogar für den Mond!

Morgens sah ich, dass im Garten
auch Platz für alle Vögel war.

In der Bücherei war genug Platz, für all die Bücher, die ich lesen wollte.

Als ich groß war, wurde ich Seefahrer und erforschte die Welt. Im Meer gab es Platz für alle Fische. Sogar für die Wale!

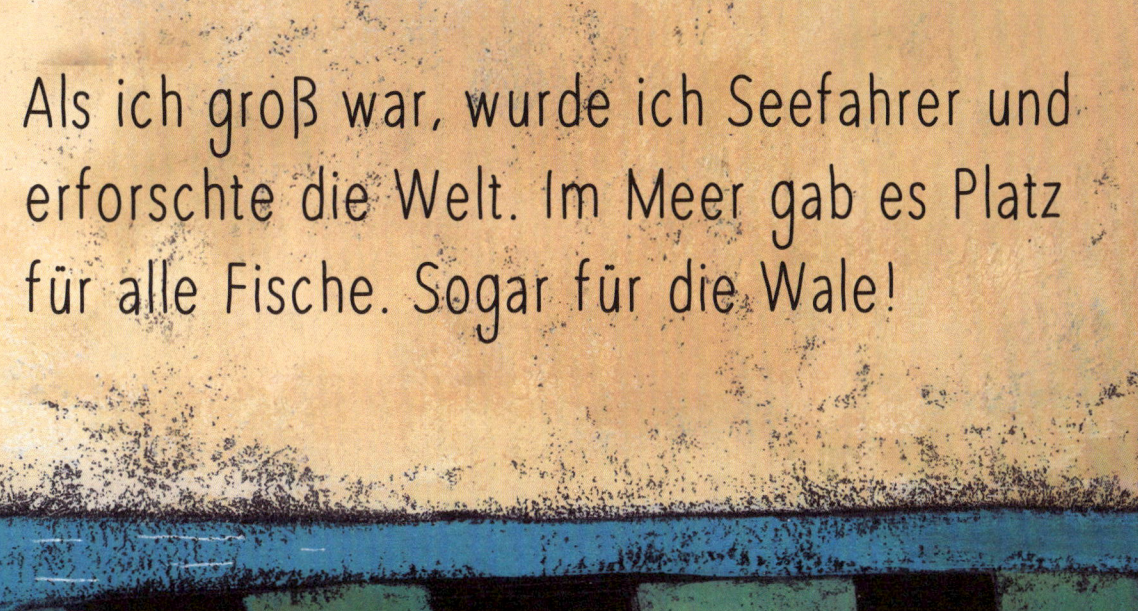

Wo ich auch hinkam,
überall war Platz genug
für alle Tiere. Sogar für
Elefanten und Giraffen!

Aber auf meinen Reisen durch
die Welt sah ich überall Menschen,
die um Platz kämpften.

Kleine Räume.

Merkwürdige
Räume ...

Jetzt, wo ich älter geworden bin
und mehr über die Welt weiß,
möchte ich dir ein Geheimnis verraten.

Wenn wir freundlicher sind und uns lieben, dann ist in dieser wunderbaren Welt Platz für uns alle.

Eine Nachricht von Anahita

Eines Abends brach ich genervt von all meinen Aufgaben auf dem Sofa vor dem Fernseher zusammen und biss in mein Brot.

Wie immer zeigten die Nachrichten Menschen, die um ein Stück Land, um ein Stück des Planeten kämpften. Plötzlich war ich nicht mehr hungrig, und ich schob den Rest meines angebissenen Brotes vor mir auf den Tisch.

Der Tisch war voller Spielzeug, Bücher und schmutziger Teller, aber erstaunlicherweise fand auch mein Brot noch einen Platz darauf. Ich fing an, mit dem Fernseher zu streiten.

Ich wurde wütend auf ihn und auf die Leute, die darin zu sehen waren. Ich zeigte auf sie und begann zu schreien: „Warum hört ihr nicht auf? Warum seid ihr nie glücklich? Hört auf, gierig zu sein! Versucht es wenigstens einmal. Vertraut mir! Es ist Platz für euch alle. Seht euch den Himmel an, seht euch das Meer an, seht euch den Dschungel an. Nein, seht euch einfach nur meinen Tisch an!"

Dann ging ich in mein Zimmer und schrieb alles auf. So begann die Geschichte „Es ist Platz für alle". Ich erinnere mich an den Abend, als ich zurückging, um mich auf dem Sofa auszuruhen. Und der Fernseher zeigte noch immer überall Nachrichten über den Krieg.
Und die Katze fraß die Reste meines Brotes.

Anahita Teymorian lebt mit ihrer Katze, ihrem Mann und ihrer Tochter in der Stadt Teheran, Iran. Anahitas Bücher sind auf der ganzen Welt bekannt, und ihre Arbeiten wurden in großen internationalen Ausstellungen gezeigt.